¡Sé justo!

Jennifer Overend Prior, Ph.D.

Asesoras

Shelley Scudder
Maestra de educación de estudiantes dotados
Broward County Schools

Caryn Williams, M.S.Ed.
Madison County Schools
Huntsville, AL

Créditos de publicación

Dona Herweck Rice, *Jefa de redacción*
Lee Aucoin, *Diseñadora de multimedia principal*
Torrey Maloof, *Editora*
Diana Kenney, M.A.Ed., NBCT, *Editora asociada de educación*
Marissa Rodriguez, *Diseñadora*
Stephanie Reid, *Editora de fotos*
Traducción de Santiago Ochoa
Rachelle Cracchiolo, M.S.Ed., *Editora comercial*

Crédito de imágenes: Tapa & págs. 1, 9 Alamy; back cover iStockphoto; págs. 19, 24 Corbis; pág. 11 The Granger Collection; págs. 5, 7 iStockphoto; págs. 20, 21 (arriba) Shea Acosta; pág. 15 The Library of Congress [LC-USZ62-131892]; pág. 16 The Library of Congress [LC-USE6-D-008757]; pág. 21 The Library of Congress [LC-USF33-005164-M5]; pág. 10 Picture History/ Newscom; pág. 13 Beth Pachal; págs. 4, 6, 14, 17 ThinkStock; todas las demás imágenes de Shutterstock.

Teacher Created Materials
5301 Oceanus Drive
Huntington Beach, CA 92649-1030
http://www.tcmpub.com

ISBN 978-1-4938-0486-3

Índice

Lo justo 4

La libertad 6

Sé respetuoso 12

La regla de oro 18

¡Compártelo! 20

Glosario 22

Índice analítico 23

¡Tu turno! 24

Lo justo

Trata de ser bueno y hacer todo lo que te toca. Es importante que te preocupes por los demás. ¡Haz lo que te toca para ser **justo**!

Cuando eres justo, tratas igual a todas las personas. Sigues las reglas. Y así permites que haya **igualdad** de oportunidades para todos.

Un niño y una niña comparten un cono de helado.

Estos niños siguen las reglas en un juego de cartas.

Libertad

Como **ciudadano** de los Estados Unidos, tienes **derechos**. Tienes el derecho a ir a la escuela. Tienes el derecho a ser tratado con justicia.

Hoy, todos los niños estadounidenses tienen el derecho a ir a la escuela.

Carta de Derechos

La Carta de Derechos es una serie de leyes que protegen tu **libertad**. La libertad es el poder de hacer lo que quieres.

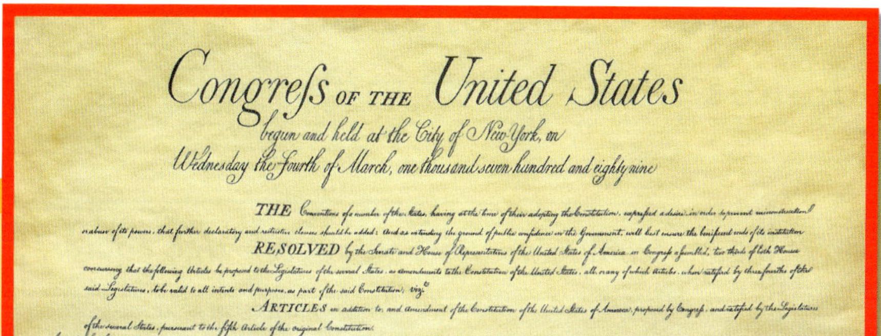
Congress of the United States
begun and held at the City of New-York, on
Wednesday the fourth of March, one thousand seven hundred and eighty nine

THE ...

RESOLVED ...

ARTICLES ...

Article the first ...
Article the second ...
Article the third ...
Article the fourth ...
Article the fifth ...
Article the sixth ...
Article the seventh ...
Article the eighth ...
Article the ninth ...
Article the tenth ...
Article the eleventh ...
Article the twelfth ...

ATTEST,

Frederick Augustus Muhlenberg Speaker of the House of Representatives.
John Adams, Vice-President of the United States, and President of the Senate.

John Beckley, Clerk of the House of Representatives.
Sam. A. Otis Secretary of the Senate.

la Carta de Derechos

Puedes **votar** para escoger algo. Puedes votar para jugar un juego. Puedes votar para lo que vas a comer. Esta es una manera justa de elegir cosas que son buenas para todos. Los adultos votan por nuestros líderes. Ellos toman decisiones para que podamos tener vidas mejores.

Esta familia vota para decidir qué comer.

Votar para presidente

Los adultos eligen quién será el presidente de los Estados Unidos. El presidente es el líder del país.

Estos adultos votan por el presidente.

¿Sabes quién fue Ben Franklin? Él trabajó por la libertad. Quería que la gente trabajara unida y fuera amable. Quería que la gente viviera en paz. Ben no tuvo miedo de hablar sobre lo que es ser justo.

Ben Franklin

Ben el ocupado

Ben fue un hombre ocupado. Fue inventor y escritor. También fue un líder.

Ben ayuda a escribir la Declaración de Independencia.

Sé respetuoso

Cuando eres justo, tratas a los demás con **respeto**. Respeta a tus padres y a tus maestros. Respeta a tus amigos. Escucha, comparte y haz lo que ellos te pidan.

Estos estudiantes muestran respeto por su maestro al levantar la mano.

Tincher Preparatory School

Character Super Star Award

For

Justice and Fairness

Awarded to : Jenna Pachal in Room 25

For the Months of January/February.

Mr. Bill Vogel, Principal

Mr. David Echevarria, Counselor

Este es un premio que ganó una estudiante por ser justa.

Compartir es justo. Cuando escuchas a un amigo compartes tu tiempo. Comparte tus juguetes con tu hermano o hermana. Compartir es una forma de cuidar de los demás.

Una niña comparte su refrigerio.

Estos niños de hace mucho tiempo comparten un refresco.

Cada persona tiene derecho a ser escuchada. Es justo que esperes tu turno cuando juegues. También es justo que esperes tu turno para hablar. Mira y escucha cuando alguien hable. Esto es justo y muestra respeto.

Unos estudiantes se turnan para hablar en 1943.

Unos niños se turnan para hablar hoy.

La regla de oro

La regla de oro es muy antigua. Dice que debes tratar a los demás como quieres ser tratado. Cuando sigues esta regla, estás siendo justo.

la regla de oro

Estos amigos están compartiendo un libro.

¡Compártelo!

¿Es justo compartir? ¿Eres justo cuando escuchas? ¿Es justo turnarse? Piensa en formas en las que puedes ser justo. Haz dibujos o escribe tus ideas. Comparte tus ideas con tus amigos y tu familia.

Esta niña escribe cómo puede ser justa.

Evita el juego de manos.

Estos niños evitan los juegos de manos.

Glosario

ciudadano: una persona que vive en un país y que tiene los derechos de este

derechos: cosas que se les debe permitir tener, conseguir o hacer a la gente

igualdad: que tienen los mismos derechos

justo: tratar de igual manera a todos

libertad: el poder de hacer lo que quieres

respeto: la manera en que muestras que alguien o algo es importante

votar: hacer una elección oficial a favor o en contra de alguien o de algo

Índice analítico

Carta de Derechos, 7

ciudadano, 6

Declaración de Independencia, 11

derechos, 6, 16

Franklin, Ben, 10–11

presidente, 9

regla de oro, 18, 24

respeto, 12, 16

¡Tu turno!

¡Sé amable!

Los niños en la foto están siendo justos. Ellos se tratan el uno al otro como quieren ser tratados. Esa es la regla de oro. Habla con un amigo sobre la regla de oro. Háblale de las formas de ser justo.